La réforme postale en France

François-Guillaume Barrillon

Alpha Editions

This edition published in 2022

ISBN : 9789357096997

Design and Setting By
Alpha Editions
www.alphaedis.com
Email - info@alphaedis.com

LA RÉFORME POSTALE EN FRANCE.

De toutes parts on réclame la réforme postale. Les chambres de commerce, les conseils d'arrondissement, les conseils généraux, se sont unanimement prononcés en faveur de cette grande mesure dont la valeur et l'utilité sont maintenant généralement appréciées. Forcé par ces manifestations, d'autant plus imposantes qu'elles ont été plusieurs fois réitérées, le gouvernement avait présenté, l'année dernière, un projet de loi dont l'adoption aurait introduit quelques améliorations dans le système actuel. Par l'effet de circonstances qu'il est inutile de rappeler ici, la chambre ajourna sa décision à la session suivante. Pour atténuer cette fâcheuse temporisation, une disposition légale, incidemment votée sous forme d'amendement pendant la discussion sur le budget de 1847, prononça la suppression du décime perçu à titre de surtaxe sur toute lettre destinée à une commune rurale, et réduisit à 2 % le droit de 5 % jusqu'à ce moment exigé pour les envois d'argent par la poste.

Cet insignifiant résultat est resté au dessous des propositions, bien timides cependant, du projet de loi présenté par le gouvernement. Tout bien considéré, il ne faut peut-être pas regretter trop vivement ce qui s'est passé l'année dernière. Si les propositions du gouvernement avaient été adoptées, elles auraient donné aux réclamations élevées en faveur de la réforme postale une satisfaction très incomplète qui pourtant, comme on l'annonçait déjà, aurait suffi pour ajourner à un lointain avenir toute nouvelle amélioration. Il faut donc s'applaudir plutôt que se plaindre de ce qui a été fait. L'opinion publique a progressé, pendant ces derniers temps, sur cette question importante. Il y a lieu d'espérer que, pendant la session actuelle, le pays obtiendra enfin une réforme postale, aussi large, aussi libérale que l'exigent les graves intérêts qui s'y rattachent.

Toutefois, il ne faut pas s'attendre à un facile triomphe. Quelle que soit l'évidence du besoin et des avantages de cette grande mesure, son adoption rencontrera des obstacles. Les uns, retenus par la crainte de diminuer une recette publique, nieront l'opportunité d'exécution. Les autres, admettant le principe et l'opportunité, contesteront sur l'étendue et sur les moyens de l'application. Il y aura donc à combattre ceux qui ne voudront rien, et ceux qui voudront trop peu.

Ce n'est pas à la tribune seulement que le débat doit avoir lieu pour assurer le succès; la presse doit fournir aussi son concours. Des études préliminaires pourront ainsi précéder utilement la discussion. Des renseignements plus nombreux, une argumentation plus complète rendront la bonne solution plus certaine et plus facile. Nous avons voulu coopérer à cette œuvre préalable en lui offrant le tribut de notre travail.

I.

Les érudits font remonter aux temps les plus anciens l'origine de l'institution des postes. Selon eux, on trouverait dans les historiens la preuve que, près de six cents ans avant l'ère chrétienne, Cyrus avait établi, sur tous les points de son vaste empire, des relais de chevaux, au moyen desquels ses ordres étaient rapidement transmis par des courriers. Suivant ensuite la longue série des faits historiques, ils montrent cette institution successivement continuée ou remise en vigueur par Auguste, par Charlemagne, par l'Université de Paris, et enfin par Louis XI, qui, le premier, mit la dépense causée par le service des postes à la charge du trésor public.

Il n'entre pas dans le sujet qui nous occupe de rechercher le plus ou moins d'exactitude de ces indications, qui offrent plutôt un intérêt scientifique qu'une réelle utilité. Il suffit de constater ici que l'institution des postes a dû son origine aux intérêts politiques des princes, dont le service fut d'abord, et pendant longtemps, son unique mission.

Hérodote attribue à ce motif l'innovation de Cyrus. L'extrait suivant de l'édit de Louis XI, daté de 1464 et relatif à l'établissement de ses postes royales, ne laisse aucun doute sur la pensée et l'intention qu'avait ce souverain en organisant ce service important. *Le roy*, dit cet intéressant document, *fonde l'establissement des coureurs de France parcequ'il est moult nécessaire de sçavoir diligemment des nouvelles de tous cotez, et y faire, quand bon luy semblera, sçavoir des siennes.....* L'institution des postes, depuis son origine jusqu'à Louis XI, inclusivement, fut donc plutôt le germe que le début du service de transport des lettres. Les *coureurs de France* constituaient, en réalité, seulement des relais destinés à transporter les courriers voyageant, à des intervalles de temps inégaux et rares, pour le service de l'état. Par condescendance, l'édit autorisait les *maistres coureurs* à fournir des chevaux à des personnes voyageant pour autre motif que le service de l'état, pourvu toutefois que ces personnes fussent munies d'un *mandement* ou *passeport de sa Majesté*. Toute infraction à cette recommandation expresse était punie de la peine de mort, *car*, disait l'édit, *le dit seigneur veut et entend que la commodité dudit establissement ne soit pour autres que pour son service, considéré les inconvénients qui peuvent survenir à ses affaires, si les dits chevaux servent à toutes personnes indifféremment sans son sçeu.....*

L'institution des *maistres coureurs* resta à la charge du trésor public jusqu'au règne de Henry IV. À cette époque, Sully exonéra l'état de cette dépense. Le service des relais de poste fut alors mis en ferme et produisit un revenu.

Ce fut seulement sous le règne de Louis XIII que le service du transport général des lettres fut, pour la première fois, régularisé et mis à la disposition continue du public. Des courriers ordinaires, partant et arrivant à jours fixes, furent établis sur les principales routes; le port des lettres fut fixé par un tarif légal. Dès ce moment, le service des postes produisit à l'état des recettes dont l'importance eut un développement toujours croissant.

Cet exemple donné par la France eut bientôt des imitateurs. Les autres gouvernements de l'Europe comprirent les avantages d'un système qui avait le mérite de satisfaire aux intérêts publics et celui, bien plus important peut-être à leurs yeux, de leur fournir une riche subvention.

L'Espagne, l'Allemagne, quelques états d'Italie, les Pays-Bas, l'Angleterre adoptèrent, à peu près en même temps, un service de postes semblable à celui établi en France. Le Danemark, la Suède et la Russie commencèrent à avoir des postes régulièrement organisées seulement dans les premières années du XVIIIe siècle.

La France et l'Angleterre furent presque toujours les premières à introduire des perfectionnements dans le service du transport des lettres. C'est donc sur ce qui s'est passé dans ces deux contrées, que doit se porter surtout l'attention de ceux qui veulent étudier les graves questions qui se rattachent à ce service important.

De Louis XIII à nos jours, l'histoire de l'administration des postes, en France, enregistre peu de faits importants. Le seul point remarquable qu'elle présente, c'est que son service se généralise et s'améliore, en même temps que ses revenus vont toujours en augmentant.

Jusques en 1792, le transport des dépêches s'était fait à cheval ou par des voitures non suspendues. Le service était lent; les départs, même ceux de ou pour Paris, n'étaient pas quotidiens. De cette époque à 1814 quelques progrès furent réalisés; mais les plus importants ont été effectués pendant les années postérieures à 1814. Maintenant les départs sont quotidiens et les transports sont faits avec une remarquable vitesse. Le tableau suivant indique le nombre des heures employées successivement en 1814, 1829 et 1844 par les malles poste françaises pour divers trajets principaux.

DE PARIS à	DISTANCES (en kilomèt.)	NOMBRE D'HEURES EN			DIFFÉRENCES ENTRE 1814 ET 1844.
		1814	1829	1844	
		h.	h.	h.	h.
Besançon	399	60	41	28	32
Bordeaux	566	86	48	36	50

Brest	594	87	62	42	45
Cherbourg	341	49	37	24	25
Calais	270	38	27	18	20
Forback	378	57	46	27	30
Havre	213	38	24	14	24
Genève	508	90	60	36	54
Lille	237	34	21	16	18
Lyon	461	68	47	33	25
Marseille	780	117	91	62	55
Nantes	392	49	37	26	23
Sédan	255	29	22	19	10
Strasbourg	453	70	46	35	35
Toulouse	679	110	72	50	60
Valenciennes	208	28	22	13	15

Ce tableau fait connaître les importantes améliorations introduites, pendant ces trente dernières années, dans la rapidité du transport des lettres. Pendant cette même période de temps, et surtout depuis 1830, l'administration des postes a doté le pays d'autres perfectionnements non moins avantageux. Toutes les branches de l'administration ont reçu des modifications utiles; les malles poste ont été construites sur de meilleurs modèles; les lettres sont transportées au moins tous les deux jours dans les communes qui n'ont pas de bureau de poste; enfin, l'administration a établi les paquebots-poste du Levant et ceux d'Alger, de la Corse et de la Manche, institutions nouvelles, remarquables par les éminents services qu'elles rendent au pays.

Pour effectuer ces progrès, l'administration des postes a dû nécessairement augmenter ses dépenses; mais les progrès ont augmenté les recettes annuelles, en excitant l'activité des correspondances désormais mieux servies. L'administration des postes a ainsi trouvé, dans ses revenus, les moyens de pourvoir à ses charges nouvelles sans demander de subvention au trésor public.

Il y a d'utiles enseignements à retirer de l'étude du développement successif des produits du transport des lettres. Cette étude est, d'ailleurs, nécessaire pour le travail qui nous occupe; elle complète l'appréciation de la situation actuelle de cette grande institution.

Voici d'abord quelques indications sur l'accroissement progressif de ces produits.

ANNÉES.	PRODUIT NET.
1672	1,200,000 livres.
1683	1,800,000
1713	3,100,000
1735	3,946,000
1750	4,801,000
1770	8,790,000
1777	10,400,000
1788	12,000,000
1791	11,608,000 francs.
1829	14,288,000
1838	19,560,000
1846	19,381,000

Les chiffres inscrits dans ce tableau doivent être l'objet d'une remarque importante. De 1672 à 1788 les revenus recueillis par l'administration des postes furent le résultat de baux par lesquels les produits de ce service étaient affermés, pour un certain intervalle de temps, moyennant une redevance annuelle fixe. À partir de 1791, cette exploitation fut directement administrée par l'état.

Pour apprécier plus exactement la marche progressive du produit de l'administration des postes, il faudrait connaître le produit brut successivement obtenu, chaque année, par cette administration. Ce renseignement n'a pu être recueilli pendant la durée du système de mise à ferme. Le tableau suivant donne le produit brut annuel de chacune des années 1791, 1829, 1838 et 1845, pendant lesquelles l'État a lui-même exploité. Il présente en même temps la dépense et rappelle le produit net afférent à chacune de ces années.

ANNÉES.	RECETTE BRUTE.	DÉPENSE.	PRODUIT NET.

	f.	f.	f.
1791	16,277,000	4,009,000	11,668,000
1829	30,754,000	16,471,000	14,283,000
1838	42,070,000	22,510,000	19,560,000
1846	50,382,000	31,000,000	19,381,000

Si l'on compare entre eux, soit les produits *bruts* constatés par ce tableau, soit les produits *nets* constatés par le tableau précédent, on trouve que l'accroissement a progressé avec une singulière régularité proportionnelle. De 1672 à 1735, période de 63 années, le produit a triplé; de 1735 à 1791, période de 56 ans, le produit a triplé encore; de 1791 à 1845, période de 54 années, le produit a éprouvé un semblable triplement.

Cette égalité de progression, qui se continue pendant trois séries comprenant ensemble plus d'un siècle et demi, inspire un certain étonnement. Il semble, en effet, que plus on se rapproche de notre époque, plus la multiplication du nombre des lettres a dû s'augmenter en des proportions géométriques, soit par l'effet de l'accroissement de la population, soit par l'effet du perfectionnement et de la propagation de l'instruction publique, soit enfin par l'effet du développement des industries et du commerce. Il semble, d'ailleurs, que les améliorations si remarquables dont les voies de circulation et l'administration des postes ont été dotées, ont dû exciter d'une manière extraordinaire l'accroissement du nombre des lettres. Cependant cet accroissement s'est multiplié seulement en proportion arithmétique, comme pendant les époques plus anciennes. On a tout d'abord de la peine à se rendre compte des causes de cette singularité; mais si l'on examine les tarifs successivement appliqués au transport des lettres, on est amené à reconnaître que les taxes imposées par ces tarifs ont pu, et même ont dû produire le résultat qui semblait invraisemblable. Quelque minime que paraisse au premier aspect l'impôt indirect perçu pour le port d'une lettre, sa quotité plus ou moins élevée exerce pourtant une influence prononcée sur le produit général. Les tableaux suivants, qui présentent les tarifs appliqués en France, à diverses époques, pour le transport des lettres, permettront d'apprécier l'influence que les taxes successives ont pu exercer sur les produits auxquelles elles correspondaient.

Pour faciliter l'appréciation à laquelle ces tableaux doivent servir, ils contiennent, en regard de chaque époque, le prix moyen de l'hectolitre de blé.

TARIF DE 1673.

DISTANCES.	LETTRES			PRIX MOYEN DE L'HECTOLITRE DE BLÉ.	
	SIMPLES.	DOUBLES.	DE PLUS D'UNE ONCE.	PÉRIODE.	PRIX.
	f. c.	f. c.	f. c.		
Moins de 25 lieues.	» 10	» 15	» 20		
25 à 60 —	» 15	» 20	» 25	1660 à 1680	f. c. 17 50
60 à 80 —	» 20	» 25	» 40		
Plus de 80 —	» 25	» 30	» 50		

TARIF DE 1799.

DISTANCES.	LETTRES		PRIX MOYEN DE L'HECTOLITRE BLÉ.	
	SIMPLES.	PLUS LOURDES, *en sus* du port simple.	PÉRIODE.	PRIX.
K.tres		7 à 10 gram., 0, 10 c.		
Moins de 100	», 30			
De 100 à 200	», 40	10 à 15 grammes, demi-port, et *ainsi de suite* de 5 à 5 grammes jusqu'à 100 grammes.		
200 à 300	», 40		1797 à 1801	f. c. 20 24
300 à 400	», 50			
400 à 500	», 60			
500 à 600	», 70			

600 à 800	», 80	De 100 gram. à 200 gr. demi-port simple en sus des taxes précédentes.		
800 à 1000	», 90			
Plus de 1000	1, 00			

TARIF DE 1827 (actuellement en vigueur).

DISTANCES.	LETTRES		PRIX MOYEN DE L'HECTOLITRE BLÉ.	
	SIMPLES.	PLUS LOURDES, *en sus* du port simple.	PÉRIODE.	PRIX.
K.tres	f. c.			
Moins de 40	» 20	7 grammes et demi à 10 grammes, demi-port.		
De 40 à 80	» 30			
80 à 150	» 40			
150 à 220	» 50	10 à 15 grammes, double port.		
220 à 300	» 60		1825 à 1836	f. c. 18 31
300 à 400	» 70	15 à 20 grammes, deux ports et demi.		
400 à 500	» 80			
500 à 600	» 90			
600 à 750	1, 00	Au dessus de 20 gr., demi-port par 5 gr. en outre des taxes ci-dessus spécifiées.		
750 à 900	1, 10			
Plus de 900	1, 20			

Le tableau suivant présente le résumé des trois tableaux qui précèdent. Pour en faciliter l'étude, les distances y ont été inscrites en concordance avec celles désignées dans les trois tarifs précédents, de manière à offrir des points exacts de comparaison.

RÉSUMÉ COMPARATIF DES TABLEAUX PRÉCÉDENTS.

TARIFS DE	LETTRE SIMPLE						LETTRE PESANT 30 GRAMMES. (SOIT UN ONCE, ANCIEN POIDS).						PRIX DE L'HECT. BLÉ.
	DISTANCES DE (KILOMÈTRES).						DISTANCES DE (KILOMÈTRES).						
	40	100	200	500	1,000	Plus de 1,000	40	100	200	500	1,000	Plus de 1,000	
	f.	f.	f.	f.	f.	f.	f.	f.	f.	f.	f.	f.	f.
1673	0,10	0,10	0,15	0,25	0,25	0,25	0,15	0,15	0,20	0,30	0,30	0,30	17,56
1799	0,20	0,20	0,30	0,60	0,90	1, »	0,70	0,70	1, »	1,90	2,80	3,10	20,24
1827	0,20	0,20	0,50	0,80	1,20	1,20	0,70	1,40	1,80	2,80	4,20	4,20	18,31

L'examen de ce tableau et des documents qui le précèdent, donne lieu à de graves observations. On est frappé d'abord de l'énorme différence existant entre les tarifs de 1673 et ceux de 1799 et de 1827. On remarque aussi la différence encore importante qui distingue le tarif de 1799 de celui de 1827. Si l'on subit l'influence de cette prévention, généralement répandue, que l'argent a diminué progressivement de valeur pendant ces trois derniers siècles, on est tenté de croire que le tarif de 1673, et même celui de 1799, représentent, en réalité, des taxes comparativement plus élevées que le chiffre auquel ces taxes sont fixées dans chacun d'eux; l'indication du prix du blé, à l'époque contemporaine de chaque tarif, donne la preuve qu'une telle opinion serait mal fondée. Cette indication démontre que de 1672 à 1827, le prix moyen du blé n'a pas éprouvé d'augmentation bien sensible. On doit conclure de là que les taxes imposées par chaque tarif se rapportent, comme valeur réelle comparative, à un étalon à peu près uniforme. Les différences existant entre les tarifs qui nous occupent ont donc en réalité une valeur égale à celles qu'indiquent les chiffres afférents à chacun d'eux. Le port d'une lettre qui coûtait, selon le poids, la parité de »,25 c. ou de »,30 c. en 1673, coûte donc la parité de 1,20 ou de 4,20 en 1846. La taxe imposée de nos jours, pour le transport des lettres, est donc infiniment plus considérable que celle exigée en 1673.

Tout le monde connaît ce principe, tant de fois démontré par les faits, en vertu duquel plus une taxe est élevée moins elle produit. Ce principe a certainement agi sur le produit du transport des lettres comme il agit partout. C'est à son influence compressive qu'on doit attribuer le peu d'accroissement des recettes recueillies par l'administration des postes, malgré les énergiques éléments d'augmentation que tant de causes ont fait naître, surtout pendant ces quarante dernières années.

Si le nuisible effet du tarif élevé, maintenant appliqué en France par l'administration des postes, portait préjudice seulement au trésor public, il faudrait le regretter sans doute, mais ce serait là un dommage temporaire, dont les conséquences ne seraient pas fort graves. Malheureusement, l'exagération démesurée de ce tarif réagit de la manière la plus fâcheuse sur la prospérité industrielle et sur le développement moral du pays.

Les industries, le commerce ont un puissant intérêt à recevoir des avis fréquents de tout ce qui se passe sur les divers marchés. Il arrive souvent que telle marchandise est à vil prix dans un lieu, tandis qu'elle est rare et chère dans un autre. Le producteur et le consommateur ont égal avantage à connaître ces variations inévitables; car toutes les fois que l'affluence des produits concorde en de convenables proportions avec la demande dont ils sont l'objet, les prix se règlent naturellement de manière à laisser bénéfice au producteur, sans que la bourse du consommateur soit mise à trop grande contribution. C'est par l'effet d'une correspondance active et multipliée, que ces résultats avantageux peuvent être obtenus. Sous l'empire des taxes actuelles, une telle correspondance est très coûteuse. Le négociant comprend bien qu'il pourrait en retirer avantage; mais il recule devant la dépense et le plus souvent il s'abstient. La cherté des ports de lettres nuit ainsi au développement des affaires, à la prospérité des industries, au bien-être des consommateurs.

L'exagération du tarif actuel des postes produit encore un autre effet non moins regrettable. Trop souvent, le pauvre artisan est obligé de laisser à la poste, faute d'en pouvoir payer le port, une lettre qui lui apporte des nouvelles d'un père, d'un enfant habitant un département lointain. Les familles mieux favorisées par la fortune subissent aussi l'influence de cette élévation des ports de lettres. On s'écrivait fréquemment d'abord. Bientôt on remarque combien une correspondance active est coûteuse; on s'écrit plus rarement, on arrive promptement à ne plus s'écrire. Les relations de famille ou d'amitié deviennent ainsi languissantes, elles se desserrent, elles cessent. Et pourtant n'y a-t-il pas un intérêt social à ce que le père corresponde souvent avec le fils, à ce que des liens d'affection réciproque se maintiennent entre les habitants des divers départements? n'y a-t-il pas avantage pour les progrès des sciences, à ce que des correspondances nombreuses s'échangent entre les savants? On a préconisé avec raison les heureux effets que l'établissement des chemins de fer produira pour le développement de la civilisation; mais cette belle œuvre serait incomplète si l'on ne favorisait le voyage des idées comme on favorise le voyage des personnes. Or, il ne suffit pas de transporter à grande vitesse pour exciter aux voyages, il faut encore et en même temps transporter à bas prix. Les chemins de fer réunissent ce double avantage; les chemins de fer rendent les éminents services qu'on attendait d'eux. L'administration des postes va vite, mais elle fait payer très cher ses bons services; elle n'atteint pas son but d'utilité. Il y a donc urgence à réformer un état de choses dommageable à la fois pour les intérêts publics et pour les intérêts privés.

Divers moyens ont été proposés pour effectuer la réforme dont le besoin vient d'être signalé. Trois de ces moyens méritent une attention plus spéciale, parcequ'ils ont un caractère officiel que n'ont pas les autres. Deux d'entre eux ont une connexité d'origine qui les rend identiques. Le troisième diffère sensiblement et constitue un système tout-à-fait distinct. En voici le sommaire exposé.

Pendant la session de 1844, M. de St-Priest, membre de la Chambre des Députés, usant du droit d'initiative, présenta une proposition de réforme postale dont l'adoption aurait eu pour effet de réduire le port d'une lettre simple à deux sortes de taxes applicables, selon la distance à parcourir, conformément au tableau suivant:

TARIF PROPOSÉ EN 1844 PAR M. DE SAINT-PRIEST.

DISTANCES.	PORT D'UNE LETTRE SIMPLE.
	f.
Moins de 40 kilomètres.	», 20
Plus de 40 kilomètres.	», 30

La proposition de M. de St-Priest contenait d'autres modifications accessoires qu'il n'est pas besoin d'indiquer en ce moment. Elle fut renvoyé à l'examen d'une commission. M. Chegaray présenta le résultat de cet examen dans un rapport fort remarquable dont il est utile de faire connaître les conclusions.

La commission exprimait, en résumé, les avis suivants:

«Il n'y a pas lieu de s'occuper actuellement de la question de l'abaissement de la taxe des lettres.

«Mais cette réforme est juste, nécessaire. Elle peut être très large sans être dangereuse pour les intérêts du trésor. Il y aura lieu de s'en occuper dans un avenir très prochain.....

«La commission pense de plus, mais à la majorité seulement, que, de tous les systèmes proposés, le préférable serait la taxe unique à 20 centimes par lettre simple.....»

La discussion s'engagea sur la proposition de M. de St-Priest. Pendant le cours des débats, MM. Muteau et Monnier de la Sizeranne proposèrent par voie d'amendement le tarif suivant:

TARIF UNIQUE.

DISTANCE.	TAXE PAR LETTRE SIMPLE.
	f.
Toute la France.	», 20

Cet amendement, combattu par M. le ministre des finances, fut adopté, au scrutin secret, à la majorité d'une voix. Le lendemain, dans le vote sur l'ensemble, il y eut partage. La réforme postale fut encore ajournée.

Cependant, ému des manifestations réitérées qui réclamaient l'abaissement du tarif de l'administration des postes, le gouvernement se résolut à présenter, en 1846, un projet de loi qui donnait quelque satisfaction à ces graves réclamations.

Ce projet de loi fut renvoyé, comme d'usage, à l'examen d'une commission. M. de Vuitry, chargé de faire connaître à la Chambre le résultat de cet examen, proposa d'adopter le tarif présenté par le gouvernement. Voici l'indication de ce tarif:

NOUVEAU TARIF PROPOSÉ PAR LE GOUVERNEMENT EN 1846.

DISTANCES.	LETTRES.	
	SIMPLES.	PLUS LOURDES, (En outre du port simple).
	f. c.	7 ½ à 10 grammes, demi port.
Moins de 40 kilomètres.	», 15	10 à 15 grammes, double port.
de 40 à 80	», 20	
80 à 150	», 30	15 à 20 gr. deux ports et demi.
Plus de 400	», 50	

		Au dessus de 20 gr., demi port par 5 gr., en outre des taxes ci-dessus stipulées.

Le projet de loi consacrant ce tarif est resté à l'état de rapport à la fin de la session dernière. La question est donc entière; elle se résoudra probablement pendant la présente session.

Avant d'examiner les divers systèmes qui viennent d'être indiqués, et pour mieux effectuer cet examen, il faut étudier ce qui s'est passé en Angleterre, où une réforme postale, plus radicale encore que toutes celles qui viennent d'être indiquées, a succédé, il y a six années, à un tarif plus élevé que celui appliqué en France en ce moment.

II.

L'institution des postes fut primitivement établie en Angleterre, comme en France, pour le service à peu près exclusif du souverain.

En 1481, pendant une guerre qu'il faisait en Écosse, le roi Édouard IV créa des courriers qui transportaient, en se les remettant les uns aux autres de sept en sept lieues, les dépêches qu'il voulait envoyer sur divers points de son royaume, et celles qui lui étaient adressées. C'était là une imitation de ce que le roi Louis XI avait fait en France, en 1464. Ce service fut maintenu et quelque peu perfectionné par les successeurs d'Édouard IV; mais ce fut seulement sous le protectorat de Cromwell que l'institution des postes fut établie en Angleterre sur des bases larges, solides et régularisées. L'exploitation fut alors mise à ferme. Dès ce moment, elle produisit un nouvel élément de recettes au trésor public. Après ce progrès important, l'institution des postes continua ses services sans perfectionnements notables jusqu'en 1784, époque où elle fut l'objet de remarquables améliorations, soit sous le rapport de la construction des voitures, soit sous le rapport de l'accélération de la vitesse. À dater de ce moment, cette administration continua à s'avancer dans la voie des progrès avec plus ou moins d'énergie et d'activité, selon que les circonstances furent plus ou moins excitantes ou favorables. Le seul fait saillant que cette période présente à l'observateur, c'est que, pendant sa durée, en Angleterre comme en France, les tarifs furent élevés à mesure que l'utilisation des postes devint plus générale. Cette déplorable circonstance produisit les mêmes effets dans les deux pays: l'augmentation croissante des tarifs comprima l'accroissement des revenus. L'étude des tableaux suivants, qui présentent les tarifs et les revenus de l'institution des postes en Angleterre, à diverses époques, fait reconnaître une preuve nouvelle de l'influence dommageable que l'exagération des taxes exerce sur leur produit.

TABLEAU DES TARIFS SUCCESSIVEMENT APPLIQUÉS EN ANGLETERRE POUR LE TRANSPORT DES LETTRES.

DISTANCES (en kilomètres).	ÉPOQUES.				OBSERVATIONS.
	1710	1765	1805	1825	
	f.	f.	f.	f.	
moins de 20	», 30	», 10	», 40	», 40	Les taxes stipulées dans ces divers tarifs doublaient, triplaient, quadruplaient, etc., selon que la lettre appartenait à la catégorie de lettre double, triple, quadruple, etc.
20 à 27	»	», 20	», 50	», 50	
27 à 40	»	»	»	», 60	
40 à 67	»	», 30	», 60	», 70	
67 à 107	»	»	», 70	», 80	
107 à 160	», 40	», 40	», 80	», 90	
160 à 227	»	»	», 90	1, »	
227 à 307	»	»	1, »	1, 10	
307 à 400	»	»	1, 10	1, 20	Poids de la lettre simple: 1 quart d'once, soit 7 gr. et demi.
400 à 533	»	»	1, 20	1, 30	
599 à 697	»	»	1, 30	1, 40	
667 à 800	»	»	1, 40	1, 50	
800 à 933	»	»	1, 50	1, 60	
plus de 933	»	»	1, 60	1, 70	

Voici maintenant le tableau des produits bruts, des dépenses et des nets revenus de l'administration des postes d'Angleterre, à diverses époques.

ÉPOQUES.	PRODUITS BRUTS.	DÉPENSES.	REVENUS NETS.	OBSERVATIONS.
	f.	f.	f.	Les produits et les dépenses du service des postes, en
1663	»	»	537,000	

1710	2,786,000	»	»	Irlande, ne sont pas compris dans les chiffres inscrits en ce tableau.
1763	5,975,000	3,525,000	2,450,000	
1768	7,475,000	3,332,000	4,143,000	
1788	13,677,000	6,253,000	7,424,000	
1798	23,762,000	8,430,000	15,332,000	
1804	33,000,000	9,900,000	23,100,000	
1806	37,547,000	11,900,000	26,647,000	
1826	54,010,000	15,525,000	38,485,000	
1828	51,575,000	16,935,000	34,620,000	
1839	55,322,000	16,612,000	38,708,000	

Les tarifs appliqués en Angleterre pour le transport des lettres, depuis l'établissement des postes dans ce pays jusqu'à l'année 1839, se classent en deux catégories bien distinctes. Les tarifs de 1710 et 1765 appartiennent au système des taxes modérées. Les tarifs de 1805 et 1827 appartiennent au système des taxes exagérées.

Le tableau suivant représente l'influence exercée sur les recettes par l'application successive de ces divers tarifs.

TARIFS de	RECETTES SUCCESSIVES.		DURÉE DE LA PÉRIODE	ACCROISSEMENT PROPORTIONNEL.	
	années.	sommes.		dans la période.	moyen par année.
1re CATÉGORIE: TARIFS MODÉRÉS.					
		f.			
1710	1710	2,786,000	53 ans	110, » %	2,07 %
	1763	5,975,000			
1765	1768	7,435,900	36 ans	344, » %	9,55 %

	1804	33,000,000			
2e CATÉGORIE: TARIFS EXAGÉRÉS.					
1805	1806	37,547,000	20 ans	45, »%	2,25 %
	1826	54,100,000			
1827	1828	51,575,900	11 ans	7,50 %	0,68 %
	1839	55,322,000			

Ce tableau fait ressortir d'une manière saisissante combien le ralentissement de la progression des recettes concorde avec l'application des tarifs exagérés.

Les taxes établies par le tarif de 1710 sont modérées; les recettes produites par ces taxes prennent un développement donnant, en moyenne, une augmentation de 2,07 % par année.

En 1765, les taxes éprouvent une modification favorable: le maximum reste ce qu'il était précédemment, mais le minimum est sensiblement abaissé. Ce changement réagit énergiquement sur les recettes. Dans la période précédente, la progression des recettes avait été de 2,07 % par année; dans cette période, cette progression est en moyenne, par année, de 9,55 %.

Appréciant mal la véritable cause de cet accroissement rapide, excitée probablement aussi par l'espérance de favoriser l'augmentation de ses recettes par l'élévation de ses taxes, l'administration des postes fait adopter, en 1805, un nouveau tarif entrant avec résolution dans le système des taxes exagérées. Les effets de ce fâcheux changement ne tardent pas à se manifester; le mouvement progressif des recettes se ralentit brusquement. Le chiffre annuel représentant la moyenne de cette progression avait été de 9,55 % pendant la dernière période; il descend, pendant cette période, à 2,25 % par année.

Malgré cet avertissement péremptoire sur les conséquences dommageables des augmentations de taxes, l'administration anglaise ajoute encore en 1827 une nouvelle augmentation à son tarif. Cette mesure inopportune fortifie l'énergie compressive d'un tarif déjà trop élevé. La progression des recettes continue encore, mais elle semble être le dernier effet d'une impulsion déjà éloignée. Cette progression était de 9,55 % sous le tarif de 1765; elle était encore de 2,25 % sous le tarif de 1805; elle n'est plus que de 0,68 % sous le tarif de 1827.

Ces résultats sont significatifs; ils le deviennent plus encore lorsque l'on considère au milieu de quelles circonstances ils se sont produits.

L'époque contemporaine des tarifs modérés était arriérée sous tous les rapports. Un petit nombre d'années s'était écoulé depuis que l'institution des postes avait été organisée en un service régulier et mise à la disposition incessante du public, la population était moins nombreuse, les habitudes de correspondance épistolaire n'étaient pas encore prises, l'instruction était rare et insuffisante, on voyageait peu, enfin, les industries et le commerce commençaient à peine à se développer. Ces circonstances comprimèrent puissamment l'augmentation du produit des postes; la marche progressive de cette augmentation a donc été plus considérable encore, en réalité, que ne la représentent les chiffres proportionnels inscrits dans ce tableau.

Si les tarifs modérés se sont trouvés en présence de complications défavorables, qui ont considérablement affaibli l'action de leur bonne influence, les tarifs exagérés ont été appliqués, au contraire, dans les circonstances les plus capables de contrebalancer et de dissimuler leurs pernicieux effets.

La surélévation des taxes a commencé à être pratiquée, en Angleterre, seulement au commencement de ce siècle. Or, depuis cette époque jusqu'à nos jours, tout a concouru, dans ce pays, à favoriser le développement de la correspondance épistolaire. Grace aux admirables machines dont elles ont été dotées par Arkwright et Watt, les industries anglaises ont pris un merveilleux essor; le commerce a décuplé, la population a doublé, l'instruction a pénétré jusque dans les plus petits villages, enfin le goût des voyages s'est généralisé. Ces causes tendaient toutes à surexciter le mouvement des lettres. On a vu que cette impulsion a été neutralisée en partie par l'exagération des tarifs.

C'est peut-être l'exemple de la France qui entraîna l'Angleterre dans le système des taxes exagérées. La France, en effet, a eu le triste avantage de s'avancer toujours la première dans cette voie onéreuse et irrationnelle. Seulement, les conséquences nuisibles de l'exagération des taxes ont été plus promptes et plus tranchées en Angleterre qu'en France. Les causes de cette différence sont faciles à découvrir, pour peu qu'on les recherche. L'Angleterre a commencé en 1784 à perfectionner le service de son administration des postes. L'Angleterre possède depuis longtemps des routes nombreuses bien tracées, soigneusement entretenues. La France est restée arriérée pour la réalisation de ces améliorations utiles, c'est tout récemment seulement qu'elle en a été dotée. Enfin, depuis près de deux siècles, l'Angleterre a concentré toute son énergie, toute sa politique, toutes ses forces vitales au développement de ses industries et de son commerce, tandis que la France était à peu près exclusivement occupée de politique. Les motifs qui excitent la multiplication et l'activité de circulation des lettres ont donc agi plus tôt, mais leur énergie a cessé plus tôt aussi en Angleterre qu'en France. Dès l'année 1826, les produits bruts des postes sont restés à peu près stationnaires en Angleterre, tandis que ces mêmes produits, en France, s'accroissaient un peu encore de 1838 à 1846. Mais bientôt sans doute, si elles étaient maintenues, les taxes excessives causeraient en France les mêmes effets qu'elles ont causé en Angleterre; les produits des postes ne s'augmenteraient plus, peut-être même de nouveaux perfectionnements seraient-ils impuissants à empêcher ces produits de décroître.

L'Angleterre, toujours attentive et intelligente pour sauvegarder ses intérêts, ne tarda pas à reconnaître qu'elle était dans une fausse voie. Sa résolution fut prompte et énergique: vers l'année 1839, elle substitua, au tarif énorme et compliqué de 1827, un tarif unique et très modéré représenté dans le tableau suivant:

TARIF DE 1839.

DISTANCES.	LETTRE SIMPLE.
	f. c.
Tout le Royaume-uni.	», 10

Toutefois cette importante réforme ne fut pas effectuée sans avoir dû surmonter de puissants obstacles. Quelques esprits systématiques, certaines susceptibilités vaniteuses firent une opposition acharnée contre l'adoption du nouveau système. Heureusement cette grave question eut pour défenseur principal M. Rowland Hill, homme aussi courageux que distingué, dont la persistance réussit enfin, après une longue lutte, à emporter le succès.

M. Rowland Hill, avait été le premier à éveiller l'attention de l'Angleterre, sur la nécessité d'abaisser les taxes perçues dans ce pays par l'administration des postes. Il eut la gloire et le bonheur de faire adopter la taxe unique qu'il avait proposé de substituer au tarif multiple et démesuré dont il avait démontré les funestes effets.

Pour complément des avantages importants offerts au public par son nouveau tarif, la proposition de M. Rowland Hill comportait et eut pour effet d'autres remarquables améliorations.

Le poids maximum d'une lettre simple avait été jusqu'alors fixé à la parité approximative de 7 grammes et demi, comme en France; ce poids fut élevé à 15 grammes.

Une autre innovation non moins utile fut introduite en même temps dans le service. L'administration vendit au public des enveloppes timbrées, et des timbres volants, par l'emploi desquels toute lettre put être affranchie sans que l'envoyeur fut obligé de se transporter dans les bureaux du post-office. Le public adopta avec empressement ce nouveau système. Les timbres volants, qui furent et sont encore généralement préférés aux enveloppes timbrées, consistent en un petit carré de papier, représentant une effigie de la reine. Ces timbres sont enduits, au *verso*, d'une couche de gomme. Pour s'en servir, on humecte cette gomme et on colle le timbre sur l'extérieur de la lettre, qui se trouve ainsi affranchie de l'obligation de payer le port au moment de l'arrivée. L'administration des postes annule les timbres ainsi employés en couvrant la moitié de leur surface par un contre timbre spécial. L'utilité et la certitude d'emploi de ces timbres volants furent tellement appréciées en Angleterre, qu'on en fit une sorte de papier monnaie admis partout comme espèces.

Ces perfectionnements heureux produisirent d'excellents résultats. En même temps que le public fut servi à bien plus bas prix, il fut aussi servi plus vite. Le travail de la taxation des lettres fut considérablement abrégé par la simplification de la taxe. Il ne s'agissait plus en effet, pour l'employé, que d'apprécier le poids de la lettre, pour en fixer le port. Pesait-elle 15 ou 30 ou 45 ou 60 grammes, et, selon l'un ou l'autre de ces poids, la taxe devait-elle être doublée ou triplée ou quadruplée ou quintuplée? à cela se bornait l'examen. Le service de distribution devint aussi beaucoup plus commode et beaucoup plus prompt. La majeure partie des lettres étant affranchie, le facteur n'avait plus qu'à frapper à la porte du destinataire pour avertir qu'il déposait une lettre dans la boîte affectée à cet usage. Il ne devait plus annoncer le coût du port, en attendre et en vérifier le paiement. Sous ces rapports le succès dépassa ce qu'on avait espéré.

Toutes ces intelligentes améliorations devaient être le résultat de l'adoption du système proposé par M. Rowland Hill. Il semble qu'il suffisait de les indiquer pour en faire comprendre la certitude et la valeur; cependant ce système eut de la peine à prévaloir. Les opposants se cramponnèrent surtout à une objection, à leur avis, toute puissante; ils poussèrent des cris d'alarme sur les pertes énormes que la taxe nouvelle, si inférieure aux taxes anciennes, causerait au trésor public, en réduisant extrêmement les recettes de l'administration des postes. M. Rowland Hill répondit par des raisonnements décisifs et par des calculs péremptoires, démontrant que si, dans les premiers temps, le tarif proposé faisait diminuer les recettes, la modicité de la taxe aurait pour effet certain de faire augmenter le nombre des lettres de telle sorte que, dans un petit nombre d'années, le revenu actuel reparaîtrait. Malgré leur évidente justesse, les calculs et les raisonnements de M. Rowland Hill furent traités d'erreurs et d'utopies. Cependant, en dépit de ces oppositions mal intentionnées, le système de M. Rowland Hill fut adopté. Les faits démontrèrent l'exactitude des provisions du réformateur.

Six années se sont écoulées depuis la première application du nouveau tarif. Le tableau suivant présente des indications statistiques et des comparaisons qui permettent d'apprécier exactement les principales conséquences que ce tarif a produites.

ANNÉES.	NOMBRE DES LETTRES.	PRODUITS BRUTS.	DIFFÉRENCES SUCCESSIVES AVEC 1839.	
			NOMBRE DE LETTRES — en plus.	PRODUITS BRUTS — en moins.
		f.		
1839	93,000,000	59,769,000	»	»
1840	166,000,000	33,986,000	78 %	43 %
1841	191,000,000	37,485,000	105 %	37 %
1842	208,000,000	39,453,000	123 %	34 %
1843	221,000,000	40,521,000	137 %	32 %
1844	242,000,000	42,626,000	160 %	28 %
1845	271,000,000	47,539,000	191 %	21 %
1846	292,000,000	» »	214 %	» »

Ce tableau constate des résultats pleins d'intérêt. Ainsi que tout le monde l'avait prévu, l'application du nouveau tarif fut immédiatement suivie d'une diminution considérable de recette. Mais bientôt, comme l'avait annoncé M. Rowland Hill, le nombre des lettres et le chiffre des recettes commencèrent un mouvement de progression qui se continua dès-lors avec une activité soutenue et une remarquable régularité. L'année 1840 fut la première à jouir des avantages du nouveau tarif: pendant cette année, le nombre des lettres dépassa de 78 % le nombre constaté pendant l'année précédente; en même temps, le revenu brut recueilli par l'administration des postes fut de 43 % inférieur à celui donné par l'année 1839. L'année suivante fournit un accroissement nouveau du nombre des lettres, et produisit une recette plus considérable. Ce développement se continua d'année en année: en 1845, le nombre des lettres avait triplé, et le revenu ne présentait plus qu'une différence en moins de 21 %, comparativement avec le nombre des lettres et le revenu constatés en 1839. Si ce mouvement progressif a lieu pendant quelques années encore, ce qui paraît à peu près certain, la prédiction de M. Rowland Hill sera réalisée. Le revenu brut produit en 1839, sous l'empire de l'ancien tarif, reparaîtra bientôt et sera sans doute promptement dépassé.

Il faut reconnaître cependant, que la réforme, si heureusement soutenue par M. Rowland Hill, fut un acte de rare hardiesse, sur la complète réussite duquel il était véritablement permis de concevoir quelques doutes. Avant cette libérale réforme, la taxe moyenne d'une lettre était, en Angleterre, à la parité de 1 fr. 05 c. Il pouvait paraître hasardeux d'abaisser brusquement cette taxe à 0, fr. 10 c. L'évènement a péremptoirement donné raison à cette apparente témérité.

Lorsque l'on étudie l'intéressante histoire des obstacles qu'a rencontré l'admirable conception de M. Rowland Hill, on est étonné et affligé en reconnaissant que l'administration des postes a figuré au premier rang parmi ses adversaires. Cette inconcevable opposition, à laquelle on cherche en vain à trouver un motif, ou même une excuse, se continue encore. Elle n'a pu empêcher le succès; elle s'est efforcée d'en atténuer ou d'en dissimuler les heureux résultats.

Dans ce but, dès la première année pendant laquelle le nouveau tarif fut appliqué, cette administration fit imposer à son budget l'entretien et le coût d'exploitation des paquebots destinés au transport des lettres, entretien et coût constituant une dépense annuelle de six millions jusques alors payée par le département de la marine. Le revenu brut produit par ce service ne dépassant pas un million, l'administration des postes espérait sans doute pouvoir augmenter ainsi, sans qu'il y parût, de cinq millions, le déficit net qu'on prévoyait devoir résulter de l'application du nouveau tarif. Quoique cette manœuvre déloyale eût été signalée, elle n'en fut pas moins renouvelée plusieurs fois sous d'autres formes. Récemment encore, cette administration a compris dans la masse de ses dépenses générales pour l'année finissant le 5 janvier 1846, une somme de 2,719,000 fr. pour frais de transports des malles sur les chemins de fer pendant les années antérieures, frais qui n'avaient pu être payés plutôt parce que leur quotité était l'objet d'une discussion entre l'administration et les compagnies. Au moyen de ces surcharges qui ont altéré la vérité des faits, les statistiques de l'administration des postes présentent, en ce qui concerne les dépenses et les produits nets, des résultats inexacts très désavantageux à la réforme effectuée. Pour éviter les interprétations erronées auxquelles ces statistiques fausses auraient pu donner lieu, le tableau précédent a mentionné seulement les revenus bruts dont les chiffres annuels, successivement comparés avec un type unique, représentent un enchaînement de faits se contrôlant et se justifiant les uns par les autres.

L'étonnant succès de la réforme postale effectuée en Angleterre ne pouvait manquer d'attirer l'attention des autres peuples; elle trouva bientôt des imitateurs. L'Autriche, les États-Unis, l'Espagne, la Russie même s'empressèrent d'adopter d'une manière plus ou moins absolue ce système dont les avantages étaient si évidents. La France resta presque seule en arrière dans la réalisation de ce nouveau progrès.

Le tableau suivant, extrait de documents officiels, fait connaître la tarification actuelle d'une lettre simple dans les principaux pays civilisés.

PAYS.	Poids maximum d'une lettre simple (gram.)	Nombre des catégories de distances ou zônes.	Taxe moyenne par Lettre simple (cent.)	DÉTAILS SUR CHAQUE TARIF. — (Taxe en kilomètres et centimes)
	g.		f. c.	
Angleterre.	15, »	»	»,10	Taxe unique.
Espagne.	7, »	»	»,27	Taxe unique.
États-Unis.	5, »	3	»,32	Taxes: circonscription d'un bureau, 11 c.—moins de 480 kilomètres, 28 c.—plus de 480 kilomètres, 56 c.
Prusse.	10,50	8	»,33	Taxes: 40 k. 12 c.—80 k. 18 c.—120 k. 24 c.—160 k. 30 c.—240 k. 36 c.—400 k. 42 c.—800 k. 48 c.—plus de 800 k. 54 c.
Autriche.	8,75	2	»,39	Taxes: jusqu'à 160 k. 26 c.—plus de 160 k. 52 c.

Sardaigne.	7, »	7	»,40	Taxes: 25 k. 10 c.—65 k. 20 c.—110 k. 30 c.—165 k. 40 c.—255 k. 50 c.—325 k. 60 c.—plus de 325 k. 70 c.
Russie.	14, »	»	»,40	Taxe unique.
France.	7,50	11	»,77	Taxes: 40 k. 20 c.—80 k. 50 c.—150 k. 40 c.—220 k. 50 c.—300 k. 60 c.—400 k. 70 c.—500 k. 80 c.—600 k. 90 c.—750 k. 1 fr.—900 k.1 f. 10 c.—plus de 900 k. 1 f. 20.

Ces indications donnent la preuve que la France est, en ce moment, soumise au tarif le plus compliqué. Voici un tableau qui met en relief la fâcheuse infériorité dans laquelle se trouve la France sous cet important rapport.

PAYS.	TAXE MOYENNE D'UNE LETTRE SIMPLE.	PRIX MOYEN DU BLÉ (hectolitre).	SALAIRE MOYEN D'UN OUVRIER NON NOURRI (travail de 12 heures).		COÛT D'UN PORT DE LETTRE		
					en blé. (lit.)	en heures de travail.	
			artisan	agricult.		artisan	agricult.
	f. c.	f. c.	f. c.		l.	h.	h.
Angleterre.	» 10	24 75	7 50	5 »	» 40	» 10	» 16
Espagne.	» 27	21 »	2 25	1 »	1 25	1 25	3 16
États-Unis.	» 32	17 »	6 »	4 »	1 88	» 39	» 58

Prusse.	» 33	17 20	2 50	» 90	1 92	1 33	4 24
Autriche.	» 39	17 20	2 50	» 90	2 28	1 52	5 11
Sardaigne.	» 40	20 »	2 25	1 »	2 »	2 8	4 50
Russie.	» 40	15 »	2 »	» 70	2 60	2 25	6 52
France.	» 77	19 »	2 50	1 25	4 05	3 42	7 25

Soit que l'on évalue le port d'une lettre simple en argent, soit qu'on l'évalue en litres et centilitres de blé, soit qu'on l'évalue en heures et minutes de salaire, on trouve toujours l'Angleterre au premier rang, la France au dernier dans ce tableau.

En Angleterre, le port d'une lettre simple coûte, en argent, la parité de 10 c., en blé 40 centilitres, en salaire, dix à seize minutes de travail. Ce même port, en France, coûte en argent soixante et dix-sept centimes, ou en blé quatre cent cinq centilitres, ou enfin, en salaire, selon que l'ouvrier est artisan ou agriculteur, 3 heures 42 minutes ou 7 heures 25 minutes de travail. Cette disproportion, déjà si considérable, entre le coût d'une lettre en Angleterre et le même coût en France, n'exprime cependant pas encore toute la vérité. Le tableau qui fait connaître cette disproportion indique, pour l'Angleterre, la taxe réelle, invariable par ce motif qu'elle est unique, tandis que, pour la France, il indique une taxe moyenne. Le tableau suivant contient des calculs identiques à ceux du tableau précédent pour la taxe *minima* et pour la taxe *maxima* du tarif français. Il présente en même temps, comme point de comparaison, ceux relatifs au tarif anglais.

PAYS.	TAXE d'une LETTRE SIMPLE.	COÛT D'UN PORT DE LETTRE.		
		EN BLÉ (litres).	EN HEURES DE SALAIRE.	
			artisan.	agriculteur.
	f. c.	l.	h. '	h. '
Angleterre.	», 10	», 40	», 10	», 16

France. (*minimum*).	», 20	1, 05	», 57	2, 40
France. (*maximum*).	1, 20	6, 30	5, 50	11, 30

N'eût-il d'autre avantage que de montrer comment des chiffres moyens peuvent dissimuler des vérités utiles, ce tableau aurait déjà son mérite. Il donne cependant encore d'autres indications qu'il importait de constater. La taxe *minima* du tarif actuellement appliqué en France représente, en argent deux fois, en blé deux fois et demie, en salaire de cinq à dix fois la valeur correspondante de la taxe anglaise. Cette différence est déjà bien considérable; elle exprime cependant un minimum. La taxe *maxima* du tarif français représente, en argent douze fois, en blé quinze fois, en salaire de trente cinq à quarante quatre fois, la valeur correspondante de la taxe unique du tarif anglais.

Ces chiffres sont saisissants. Il suffit de les énoncer pour faire comprendre quelles influences fâcheuses le tarif français peut et doit certainement exercer sur l'état social, sur les industries et sur le commerce de la France.

Les motifs les plus puissants, les plus dignes d'attention exigent donc que la France effectue au plutôt sa réforme postale. Devancée déjà par les autres peuples pour l'exécution de chemins de fer, elle est restée arriérée encore pour cette amélioration si évidemment utile, si impérieusement nécessaire. Pour racheter ce retard compromettant, il faut au moins que, profitant des expériences faites par l'étranger, elle se dote d'une réforme postale aussi large, aussi complète qu'il soit raisonnablement possible.

Nous allons rechercher comment ce désirable résultat peut être réalisé.

III.

On a vu, dans la première partie de cet écrit, que deux systèmes principaux ont été présentés pour effectuer, en France, la réforme postale.

L'un de ces systèmes a été proposé par le gouvernement, l'autre par MM. de Saint-Priest, Monnier de la Sizeranne et Muteau, membres de la Chambre des Députés.

Pour apprécier exactement la valeur réelle et les conséquences de chacune de ces deux propositions, il faut se rendre compte des principes qui doivent présider à la taxation des lettres et de la composition des taxes postales maintenant appliquées en France.

Le tarif de 1827 comporte, pour la rémunération du transport des lettres, onze taxes progressives, croissant en raison de la plus grande longueur du parcours. Ce système a le tort de contrevenir au droit commun en soumettant à une rémunération inégale le prix d'un service public établi dans l'intérêt général.

Il y a complète erreur à prétendre qu'il faut calculer le coût du transport d'une lettre d'après la longueur du parcours. Ce coût dépend essentiellement du nombre des lettres transportées à chaque destination. Un voyage de malle-poste coûte un prix donné qui reste invariable, soit que cette malle porte un million de lettres, soit qu'elle porte une seule lettre. Dans ce dernier cas, cité comme exemple extrême quoiqu'il soit invraisemblable, la lettre unique devrait être taxée à la parité de tout le coût du voyage, tandis que, dans l'autre cas, chaque lettre faisant partie du million de lettres simultanément transportées devrait payer seulement un millionième de ce même coût.

Il est donc tout-à-fait déraisonnable d'établir la tarification du transport des lettres sur une progression proportionnée à la longueur du parcours. Le tarif de 1827 a été basé sur ce faux principe; il n'a pas même le mérite d'en avoir fait une exacte application.

Pour mettre les taxes en corrélation proportionnelle avec les distances à parcourir, il aurait fallu que chaque taxe fût calculée de manière à s'accroître en raison de l'accroissement de la distance. Le tarif de 1827 est loin de présenter cette corrélation.

La première taxe de ce tarif imposant à une lettre simple, transportée à 40 kilomètres, un port de », 20 c, soit »,05 par myriamètre, les dix autres taxes de ce tarif devraient progresser de manière à ce que chacune d'elles représentât autant de fois »,05 qu'il y a de myriamètres dans la distance à laquelle elle correspond. Le tarif de 1827 ne suit pas cette progression rationnelle et juste, ses taxes varient arbitrairement selon les distances. Tandis que la lettre à 40 kilomètres est taxée à raison de »,05 par myriamètre, celle à 300 kilomètres est taxée à raison de »,02, celle à 900 kilomètres est taxée à raison de »,01 centime ¼ par myriamètre.

Sous quelque face qu'on les considère, ces disproportions sont injustifiables. Si la taxe est appliquée à raison de la distance, sa quotité doit être invariablement proportionnelle à la longueur du parcours. Si la taxe doit produire l'effet d'un impôt indirect, elle doit être calculée de manière à ce que, selon les prescriptions de la charte, les charges de cet impôt soient égales pour tous. Si, enfin, la taxe est la rémunération d'un service public, tout service public devant être à un prix égal pour tous, la taxe imposée pour le port d'une lettre doit être invariable quelle que soit la distance à laquelle cette lettre doit parvenir.

L'analyse des taxes dont se compose le tarif de 1827 fait ressortir, mieux encore que les chiffres et les raisonnements qui précédent, les vices du système dont ce tarif est l'application.

Selon le rapport présenté, en 1844, à la Chambre des Députés, par M. Chegaray, relativement à la proposition de M. de Saint-Priest, le service des postes a transporté hors Paris, pendant l'année 1843, 81 millions de lettres, et le coût général de ce transport s'est élevé à 2,800,000 fr.

En assimilant à un type uniforme de distance, soit à un myriamètre, par exemple, le nombre des lettres transportées, et en divisant le coût général du transport par le produit de cette assimilation, on doit trouver le coût du transport de chaque lettre à un myriamètre.

Le tableau suivant présente les éléments nécessaires pour ce travail. Il indique la répartition des 81 millions de lettres par catégories de distances correspondantes à celles fixées par le tarif de 1827. Il fait connaître en même temps combien de myriamètres chaque catégorie aurait parcouru, si la destination avait été invariablement à un myriamètre de distance du point de départ.

CATÉGORIES PAR DISTANCES, myriamètres.	NOMBRE DES LETTRES TRANSPORTÉES. à pleine distance.	à un myriamètre.
M.	L.	M.
Jusques à 4	25,000,000	100,000,000
— 8	16,500,000	132,000,000
— 15	13,500,000	202,000,000
— 22	9,000,000	198,000,000
— 30	5,500,000	165,000,000
— 40	5,000,000	200,000,000
— 50	2,500,000	125,000,000
— 60	1,800,000	108,000,000
— 75	1,660,000	124,000,000
— 90	409,000	37,000,000
Plus de 90	72,000	6,000,000
	L.	M.

TOTAUX.	80,941,000	1,397,000,000

Si l'on divise le nombre total de la dépense, soit 2,800,000 par le nombre total des myriamètres représentant un transport général à un myriamètre, soit par 1,397,000,000, on trouve pour quotient »,002. Ce chiffre représente, en dixièmes de centimes, le coût d'une lettre portée à un myriamètre.

Pour avoir le total des dépenses que le service du transport et de la distribution des lettres coûte à l'administration des postes, il faut ajouter au coût de transport les autres frais.

Le rapport de M. Chegaray contient, à ce sujet, des calculs intéressants desquels il résulte que, pendant l'année 1843, les frais généraux d'administration spéciaux au service des lettres, se sont élevés au coût moyen approximatif de »,08 par lettre.

En ajoutant à chaque coût variable de distance, calculé à raison de 0,002 par myriamètre, 0,08 pour chaque coût de frais généraux, on a un total représentant, au complet, la dépense causée à l'administration par le transport et la distribution d'une lettre simple à chacune des distances graduelles du tarif de 1827. Tout excédant de taxe, en outre de la dépense totale qui vient d'être définie, représente l'impôt indirect perçu par l'administration des postes. Voici maintenant, en application des calculs qui précédent, la répartition de chaque taxe en remboursement de dépenses et en impôt indirect.

ANALYSE DES TAXES COMPOSANT LE TARIF POSTAL DE 1827.

DISTANCES (kilomètres).	TAXES.	DÉPENSES.			IMPÔT INDIRECT.	TAXES.
		Transport (par myriamètre, 0 f., 002).	Frais généraux.	Total.		
k.	F. C.	F. C.	F. C.	F. C.	F. C.	F. C.
moins de 40	», 20	», 01	», 08	», 09	», 11	», 20
de 40 à 80	», 30	», 01	», 08	», 09	», 21	», 30
80 à 150	», 40	», 03	», 08	», 11	», 29	», 40
150 à 220	», 50	», 04	», 08	», 12	», 38	», 50
220 à 300	», 60	», 06	», 08	», 14	», 46	», 60

300 à 400	», 70	», 08	», 08	», 16	», 54	», 70
400 à 500	», 80	», 10	», 08	», 18	», 62	», 80
500 à 600	», 90	», 12	», 08	», 20	», 70	», 90
600 à 750	1, »	», 15	», 08	», 23	», 77	1, »
750 à 900	1, 10	», 18	», 08	», 26	», 84	1, 10
plus de 900	1, 20	», 20	», 08	», 28	», 92	1, 20

Cette analyse des taxes démontre d'une manière saisissante les iniques résultats de leurs irrégulières progressions. L'impôt indirect établi par la tarification actuelle des postes, semble avoir eu l'intention de soumettre à une pénalité pécuniaire toutes les correspondances épistolaires ayant un parcours de plus de 40 kilomètres. Plus la destination est au-delà de cette distance privilégiée, plus la pénalité est considérable. À la distance de 80 kilomètres, la quotité de cet impôt indirect est double de ce qu'elle est à la distance de 40 kilomètres. Pour un parcours de 900 kilomètres, ce n'est plus dans la proportion de 1 à 2, mais dans l'énorme proportion de 1 à 8 que l'impôt est exigé. Cette disproportion illégale n'a pas même pour excuse un avantage financier. Elle comprime l'essor et l'activité des correspondances, et, par conséquent, elle fait diminuer les produits à mesure que l'augmentation des distances multiplie l'exagération des taxes. Le tableau suivant met en évidence les effets de cette compression.

TARIF DE 1827.

TAXES.	PRODUIT BRUT en 1843.	RÉPARTITION DES LETTRES EN 1843.		DISTANCES (kilomètres).
		Circulation réelle.	Décroissement proportionnel sur 10,000 lettres.	
	f.	l.		k.
», 20	5,300,000	25,000,000	10,000	Jusques à 40
», 30	5,200,000	16,500,000	6,600	40 à 80
», 40	5,700,000	13,500,000	5,300	80 à 150
», 50	4,700,000	9,000,000	3,600	150 à 220
», 60	3,500,000	5,500,000	2,200	220 à 300

», 70	3,800,000	5,000,000	2,000	300 à 400
», 80	2,300,000	2,500,000	1,000	400 à 500
», 90	1,750,000	1,800,000	720	500 à 600
1, »	1,830,000	1,660,000	664	600 à 750
1, 10	450,000	409,000	164	750 à 900
1, 20	90,000	72,000	29	plus de 900
	34,620,000	81,000,000		

Il résulte de ce tableau que, dans une période de temps donnée, 29 lettres seulement sont expédiées à 900 kilomètres tandis que, simultanément, 10,000 lettres sont expédiées à 40 kilomètres. Entre ces deux proportions extrêmes, le nombre primitif de 10,000 décroît à mesure que la distance et, en même temps, la taxe s'accroissent. Faut-il attribuer ce décroissement graduel à l'influence de la taxe ou à l'influence de la distance? Pour peu qu'on examine et qu'on réfléchisse, on reconnaît que l'exagération de la taxe doit être plutôt incriminée que l'éloignement relatif des lieux de destination.

La population de la France n'est pas égale partout en nombre, en instruction, en moralité, en industrie. Il y a des différences prononcées, sous ces rapports, entre les divers départements. Mais ces différences n'ont aucune corrélation avec les distances plus ou moins longues séparant ces départements les uns des autres, ou de Paris. Le tableau suivant, extrait de l'excellent ouvrage de M. le comte d'Angeville sur la statistique de la population française, présente des documents qui jugent cette question.

RANGS COMPARATIFS QU'OCCUPENT, SOUS DIVERS RAPPORTS, PARMI LES QUATRE-VINGT-SIX DÉPARTEMENTS, CEUX DONT LES CHEFS-LIEUX SONT DÉSIGNÉS AU PRÉSENT TABLEAU.

DÉSIGNATION DES CHEFS-LIEUX	MOTIFS de COMPARAISON.				distances de Paris (en kilomètres).
	Population.	Instruction.	Moralité.	Industries.	
PARIS.	1	6	85	1	»
MELUN.	45	10	71	25	45
ORLÉANS.	66	36	46	24	115

ROUEN.	5	23	84	2	120
LILLE.	2	27	27	13	230
RENNES.	13	56	39	68	352
LYON.	3	29	22	3	466
BORDEAUX.	47	51	5	26	596
TOULOUSE.	23	57	29	28	706
MARSEILLE.	22	59	11	6	833

Les points de comparaison qui viennent d'être cités ont été pris au hasard, sans autre attention que de faire concorder à peu près leur distance respective, par rapport à Paris, avec les distances graduelles inscrites dans le tarif de 1827. Les chiffres présentés dans le tableau démontrent que la densité de population, le développement intellectuel, moral et industriel, ces motifs si puissants d'excitation à l'activité des correspondances épistolaires, sont en dehors de toute corrélation avec la distance plus ou moins longue séparant les départements de Paris. Il ne faut donc pas attribuer à l'influence des distances le décroissement éprouvé par le nombre des lettres, à mesure que leur destination est plus lointaine. Ce décroissement est produit surtout par l'exagération progressive des taxes proportionnelles.

L'examen qui vient d'être fait des conditions fondamentales, des éléments constitutifs et des conséquences du tarif de 1827, a mis en relief les inconvénients et les vices de ce tarif, et facilite l'appréciation des deux propositions présentées à l'effet de le modifier ou de le réformer.

Il résulte de cet examen que le système de tarification actuellement appliqué en France pour le transport des lettres produit les inconvénients suivants:

Les bénéfices nets recueillis par l'administration des postes équivalent à un impôt indirect dissimulé, dont l'application est aggravée par cette complication illégale que le type régulateur de cet impôt n'est pas le même pour tous les citoyens.

Le mode des taxes plus élevées à mesure que la destination est plus lointaine est contraire à la raison et au droit commun.

Le tarif de 1827 applique ce mode vicieux, en dehors de tout calcul proportionnel, avec un arbitraire absolu. Ses taxes ont, d'ailleurs, une exagération qui produit les plus désastreux effets sous tous les rapports.

Tels sont les déplorables résultats du tarif actuellement en vigueur. Puisqu'il est enfin question de modifier ce tarif contre lequel, depuis si longtemps et à juste raison, tant de réclamations s'élèvent, il faut au moins choisir, parmi les modifications proposées, celle qui offre les plus complètes améliorations.

Le tarif présenté par le gouvernement continuerait le système actuel. Il donnerait seulement l'avantage d'un abaissement des taxes maintenant appliquées.

Au lieu de comporter onze catégories de distances et autant de taxes, au lieu de s'élever graduellement de »,20 à 1.20 c. comme le tarif de 1827, le nouveau tarif comporterait seulement cinq catégories et progresserait d'un minimum de »,15 c. à un maximum de »,50. Cette dernière taxe serait applicable à toute lettre allant au-delà de 400 kilomètres.

Tous les inconvénients, toutes les illégalités, tous les fâcheux résultats reprochés à la tarification actuelle, seraient d'ailleurs reproduits par la tarification nouvelle. Il n'y aurait pas réforme; il y aurait atténuation seulement du mal.

Le système des taxes progressant à mesure que les distances s'accroissent serait continué. La même inégalité proportionnelle existerait dans la base de répartition de l'impôt indirect compris dans la taxe. Une lettre simple allant à 40 kilomètres serait taxée 0,13 c., soit à la parité de trente-sept centièmes de centime (0,00375) par myriamètre, tandis que la lettre simple allant à 900 kilomètres serait taxée 0,50 c., soit à la parité de cinq centièmes de centime (0,00055), par myriamètre. La lettre allant à 900 kilomètres payerait donc une taxe totale triple de la taxe imposée à la lettre allant à 40 kilomètres. Cette dernière, de son côté, paierait, par myriamètre, sept fois plus que l'autre.

Le nouveau tarif continuant la disproportion croissante des taxes, continuerait probablement aussi la disproportion décroissante des recettes.

En fait de tarifs, toute réduction incomplète manque son but; elle ne produit qu'une perte sans compensation. Une réforme hardie et large excite la consommation: l'accroissement du nombre ou de la quantité de la matière imposée fait alors retrouver au trésor ce que peut lui faire perdre l'abaissement du droit.

La proposition présentée par le gouvernement est une de ces mesures incomplètes qui laissent subsister tout le mal auquel elles ont pour objet de porter remède.

Les atténuations de taxes résultant de cette proposition, seraient impuissantes à stimuler l'activité des correspondances lointaines assez énergiquement pour conserver le revenu actuel, en compensant l'abaissement des taxes par l'accroissement du nombre des lettres. Un port de lettre de »,50 est encore bien élevé pour un ouvrier gagnant 1,25 et même 2,50 par jour, et devant, avec ce faible salaire, fournir à tous ses besoins. L'envoi d'une lettre entraîne presque toujours la réception d'une lettre en réponse, et souvent même un échange répété de correspondance. Les mêmes motifs qui retiennent d'envoyer ou de se faire adresser des lettres, maintenant que le port en coûte 1,20 c., »,90 c. ou même »,80 c., retiendront encore, alors que ce port coûtera »,50. La tarification nouvelle, proposée par le gouvernement, ne ferait donc pas augmenter le nombre des lettres. Cependant elle ferait considérablement diminuer les recettes brutes de l'administration des postes. Les 81 millions de lettres transportées en 1843, ont produit brut 34,600,000 fr. Ce même nombre, réparti et taxé selon le nouveau tarif, donnerait seulement une recette brute de 22,150,000 fr. dont voici le détail.

DISTANCES (kilomètres)	NOMBRE DE LETTRES.		TAXES NOUVELLES	PRODUITS.
	Par catégories anciennes.	Par catégories nouvelles.		
k.	c.	c.	f. c.	F.
Jusques à 40	25,000,000	25,000,000	», 15	3,750,000
40 à 80	16,500,000	16,500,000	», 20	3,300,000
80 à 150	13,500,000	13,000,000	», 30	4,050,000
150 à 220	9,000,000	19,500,000	», 40	7,800,000
220 à 300	5,500,000			
300 à 400	5,000,000			
400 à 500	2,500,000	6,500,000	», 50	3,250,000
500 à 600	1,800,000			
600 à 750	1,660,000			
750 à 900	409,000			
plus de 900	72,000			

TOTAUX.	81,000,000	81,000,000		22,150,000

La recette brute, produite en 1843 par 81 millions de lettres, ayant été de fr 34 millions,

la recette brute produite par l'application du nouveau tarif sur ce même nombre de lettres n'étant plus que de 22—

il en résulte que le nouveau tarif produirait un déficit de 12 millions,

que devrait combler un accroissement du nombre des lettres, provoqué par l'abaissement des taxes.

La modique réduction de taxes proposée par le nouveau tarif, serait certainement incapable de produire, dans le nombre actuel des lettres, l'augmentation nécessaire pour compenser cette diminution si considérable de recettes. La proposition du gouvernement constituerait donc une réforme incomplète, qui imposerait au trésor public des pertes sans compensation. Il faut écarter cette proposition.

Le projet de tarification dont la présentation officielle doit être attribuée collectivement à MM. de Saint-Priest, Monnier de la Sizeranne et Muteau, constitue un système tout-à-fait différent de celui qui vient de nous occuper. Ce tarif comporte une taxe unique de »,20 c. par lettre simple transportée de bureau à bureau, quelle que soit la distance entre le lieu de départ et le lieu de destination.

Le seul énoncé des conditions de ce tarif en fait déjà apprécier les avantages. Réduit à une taxe unique, il rentre dans l'observation de ce grand principe, l'égalité des charges pour tous. L'extrême modération de sa taxe est une amélioration réelle, qui semble devoir stimuler puissamment l'activité des correspondances lointaines, jusqu'à ce moment si peu importantes et si peu productives.

Il est impossible, même au sophisme le plus habile, de nier les conséquences favorables que le tarif unique aurait pour tous les citoyens. Ceux qui combattent ce système sont forcés de reconnaître son mérite sous cet important rapport; mais, pour continuer et justifier leur opposition, ils se retranchent derrière cet argument que la taxe de 0,20, jetterait la perturbation dans une branche importante du revenu public, en imposant immédiatement, aux recettes brutes de l'administration des postes, une réduction très considérable qui, de longtemps, ne pourrait être récupérée. Un examen un peu approfondi fait reconnaître que cet argument est loin d'avoir la force qu'on se plaît à lui prêter.

Le revenu brut de 1843 s'est élevé, pour 81 millions de lettres, à la somme totale de 34 millions.

La taxe unique de 0,20 c. par lettre, appliquée à ce même nombre de 81 millions, produirait 16 —

Si le nombre actuel des lettres restait invariable, l'application du nouveau tarif causerait donc, sur les anciennes recettes, une diminution de 18 millions.

Pour compenser cette diminution, il faudrait un accroissement de 90 millions de lettres, soit 121 %, par rapport au nombre actuel. La réalisation prochaine de cet accroissement paraît assurée pour peu qu'on examine les faits.

En l'état actuel des choses, on évalue à un tiers du nombre total des lettres transportées par la poste, le nombre des lettres qui, pour échapper à la taxe trop élevée, sont envoyées par des occasions particulières. Cette fraude cesserait certainement, d'une manière absolue, si la taxe était réduite uniformément à »,20 c. pour toute distance. La poste étant plus rapide, plus exacte et plus sûre même, elle serait universellement préférée. Cette conséquence de la réforme postale donnerait un accroissement immédiat de 27 millions de lettres, soit 33 %, en à compte sur les 121 % nécessaires pour rendre les recettes du nouveau tarif égales à celles du tarif actuel.

Mais la taxe unique de »,20 c. par lettre n'aurait pas seulement pour effet de restituer à l'administration des postes les lettres maintenant transportées en fraude; elle multiplierait infiniment le nombre général des lettres. Le calcul suivant démontre la probabilité de cet accroissement.

La première taxe du tarif de 1827 s'applique à une zône ayant un rayon de 40 kilomètres, ce qui comporte une superficie totale de 4,800 kilomètres carrés. Cette catégorie a une circulation de 25 millions de lettres.

La onzième taxe de ce même tarif s'applique à une zône de 900 kilomètres, comportant une superficie totale de 2,430,000 kilomètres carrés. Cette catégorie a une circulation de 72,000 lettres.

La première zône a donc cinq-cents fois moins de superficie, et pourtant elle a trois mille six cent onze fois plus de lettres que la onzième zône.

L'énorme différence existant entre ces deux catégories extrêmes, provient d'une complication de causes, au premier rang desquelles il faut placer l'élévation extrême de la taxe appliquée à la zône de 900 kilomètres. Si la taxe de cette catégorie était assimilée à la taxe de la zône de 40 kilomètres, comme cela résulterait du tarif réformateur, le nombre des lettres des zônes lointaines s'accroîtrait certainement de beaucoup.

Il est, d'ailleurs, inutile de raisonner par conjectures sur cette question importante. Il suffit, pour écarter toute incertitude, de rappeler les accroissements que la réforme postale a produit en Angleterre sur le nombre annuel des lettres. Cet accroissement a progressé dans les proportions suivantes, comparativement avec le nombre constaté dans la dernière année pendant laquelle l'ancien tarif avait été appliqué. Cette progression proportionnelle, a été:

pour la 1re année de 78 %
— 2e — 105 %
— 3e — 123 %
— 4e — 137 %
— 5e — 150 %
— 6e — 191 %
— 7e — 214 %

Le tableau suivant fait connaître quel serait successivement le nombre annuel des lettres, en France, si le nouveau tarif produisait un accroissement proportionnel égal à celui, progressivement réalisé en Angleterre, depuis l'établissement de la réforme postale. Il présente en même temps les résultats financiers que cet accroissement aurait sur les recettes brutes des postes françaises.

ANNÉES	ANNÉES à dater de la réforme postale.	SUR LE NOMBRE ACTUEL. accroissement		TOTAUX des lettres par année.	PRODUITS annuels à la taxe de 0,20	RÉSULTATS par rapport à la recette annuelle de 34,000,000	
		proportionnel comme en Angleterre.	réel sur 81 millions.			PERTE.	BÉNÉFICE.
		L	L	L	F	F	F
1840	1er	78 %	63 millions	144 millions	28 millions	6 millions	» »
1841	2e	105 %	85 —	166 —	33 —	1 —	» »
1842	3e	123 %	99 —	180 —	36 —	» »	2 millions
1843	4e	137 %	111 —	192 —	38 —	» »	4 —
1844	5e	160 %	129 —	210 —	42 —	» »	8 —
1845	6e	191 %	154 —	235 —	47 —	» »	13 —
1846	7e	214 %	173 —	254 —	50 —	» »	16 —

Si les raisonnements antérieurs avaient laissé subsister quelques doutes, relativement aux bons effets que le tarif proposé exercerait sur l'accroissement du nombre de lettres et sur les recettes brutes du service de l'administration des postes, l'examen du tableau qui précède les détruirait complètement.

En assimilant les résultats que produirait la réforme postale, en France, aux résultats qu'a produit cette réforme en Angleterre, on trouve que, si les deux premières années devaient donner ensemble une perte de sept millions, comparativement avec les recettes brutes actuelles, les cinq années suivantes donneraient ensemble un bénéfice de 42 millions!...

Il est inutile d'examiner plus longuement la question de savoir si, comme l'affirment les adversaires de la réforme postale, la taxe unique de »,20 c. par lettre causerait dommage aux finances publiques. Cet argument, le seul qu'on ait opposé à cette grande amélioration sociale, n'a aucune valeur.

De tout ce qui précède, il résulte que le tarif comportant une taxe unique de 0,20 c. par lettre simple, à toute distance, est, de tous les moyens proposés, le seul capable de remédier utilement et complètement aux inconvénients et aux vices de la tarification postale actuellement appliquée en France.

Le meilleur système à employer pour effectuer, en France, la réforme postale, est maintenant reconnu. Il reste à en examiner l'application.

IV.

Pour réaliser tous les avantages qu'une réforme postale intelligente et rationnelle doit produire, il ne suffit pas d'adopter un tarif unique et très modéré; il faut ajouter, à cette modification principale, des modifications accessoires nécessaires pour en compléter la valeur et les effets.

Au premier rang parmi ces utilités complémentaires, il faut placer la substitution du principe de l'affranchissement avant le départ à celui du paiement de la taxe au lieu de destination, et encore la simplification et l'élargissement des limites *maxima* servant au classement des lettres en diverses catégories, selon leur poids.

Dans l'organisation actuelle du service de l'administration des postes, organisation qui dérive obligatoirement du système de tarification en vigueur, la taxation des lettres forme au moins les quatre cinquièmes du travail précédant le départ, ou suivant l'arrivée. La taxation serait simplifiée, il est vrai, par l'application de la taxe unique à toute distance; mais ce travail serait encore très long eu égard à l'accroissement du nombre des lettres. Cet accroissement exercerait sur le service de distribution une influence plus importante que sur le service de taxation, car le nombre des lettres serait infiniment plus considérable, et il faudrait, tout comme à présent, encaisser le port de chaque lettre au moment où elle serait délivrée au destinataire. L'administration des postes devrait donc nécessairement augmenter le nombre de ses facteurs en proportion de l'augmentation du nombre des lettres, si elle voulait maintenir la rapidité actuelle du service de distribution. Elle devrait augmenter aussi le personnel de ses bureaux, si elle voulait maintenir la rapidité actuelle du service des départs. Ces accroissements de dépenses seraient certainement évités, si l'on adoptait le système d'affranchissement si heureusement appliqué en Angleterre. Voici comment ce système devrait être mis en pratique dans notre pays.

Le gouvernement ferait vendre des enveloppes timbrées, et des timbres volants, par l'emploi facultatif desquels toute lettre serait affranchie. Cet affranchissement serait la règle. Toute dérogation à cette règle serait frappée d'une surtaxe. La surtaxe serait de 0,05 centimes par port simple, pour toute lettre affranchie à un bureau de poste selon le mode actuel, c'est-à-dire sans emploi de l'un des timbres vendus par le gouvernement. La surtaxe serait de 0,10 centimes par port simple pour toute lettre non affranchie.

Il serait nécessaire d'offrir au public l'option entre l'enveloppe timbrée et le timbre volant. Si l'enveloppe timbrée est agréable et commode, elle a l'inconvénient d'être indépendante de la lettre que pourtant elle couvre complètement; il en résulte qu'une lettre voyageant sous enveloppe ne peut recevoir les estampilles officielles constatant le jour de son départ et le jour de son arrivée. Souvent cependant, surtout en affaires, cette constatation a une extrême importance. L'emploi du timbre volant supplée à cet inconvénient de l'enveloppe timbrée. Toutes les fois que l'époque de l'envoi d'une lettre doit être officiellement constatée, l'envoyeur emploie le timbre volant. Ce timbre, couvrant un espace égal, tout-au-plus, au diamètre d'une pièce de un franc, s'applique sur l'adresse de la lettre à affranchir. Cette lettre peut alors recevoir, tout comme sous le système actuel, les estampilles officielles constatant la date de son départ et la date de son arrivée. L'option offerte à l'expéditeur lui permettrait donc d'employer à son choix, pour l'affranchissement, l'enveloppe timbrée, ou le timbre volant.

Le système de l'affranchissement, comme règle, a été adopté en Angleterre avec un empressement qui démontre combien ce système convient au public. Dès l'année 1842, sur 100 lettres transportées par l'administration des postes, en Angleterre, on comptait,

52 lettres expédiées sous enveloppes franches ou sous timbres volants,

42 lettres affranchies dans les bureaux de l'administration,

6 lettres non affranchies,

——

100 lettres, total égal.

Les proportions entre le nombre des lettres affranchies et le nombre des lettres taxées se sont maintenues à peu près sans variation pendant les années suivantes. Seulement, pendant cette période de temps, le nombre proportionnel des lettres affranchies par l'emploi des enveloppes timbrées ou des timbres volants s'est augmenté de 10 %. Cette progression est un témoignage spécial en faveur de ce mode d'affranchissement.

Le système ayant pour effet d'imposer l'affranchissement comme règle, et de simplifier cette formalité par la vente de timbres volants et d'enveloppes timbrées, aurait l'avantage de diminuer beaucoup le travail de la taxation des lettres. Il suffirait dès lors de vérifier rapidement, au moment du départ, les timbres employés pour affranchissement, et de contrevérifier et annuler ces timbres au moment de l'arrivée.

Le service de distribution des lettres deviendrait aussi infiniment plus rapide et plus facile. Les évaluations les plus larges estiment qu'il suffit de 8 secondes pour délivrer, à destination finale, une lettre affranchie, tandis qu'il faut une minute et demie, soit 90 secondes, pour délivrer une lettre taxée. En Angleterre, où le service est rendu plus facile encore par l'établissement de boîtes particulières à lettres, à la porte de chaque maison, on a constaté qu'un facteur pouvait distribuer 570 lettres affranchies, en demi heure, soit à raison de 3 secondes par lettre, tandis que, dans le même espace de temps, il pouvait distribuer seulement 23 lettres taxées, ce qui fait la parité de 74 secondes par lettre. Ces résultats dont l'exactitude a été démontrée par de nombreuses épreuves, dispensent de commentaire; ils sont concluants.

On peut donc affirmer avec toute raison que, malgré l'accroissement considérable que le nombre des lettres éprouverait par l'effet du nouveau tarif, l'administration des postes n'aurait pas besoin d'accroître son personnel, si elle adoptait le principe et le mode d'affranchissement appliqués en Angleterre.

Les surtaxes légères, proposées contre toute dérogation au principe de l'affranchissement, auraient pour motif des considérations d'utilité générale. Il paraît juste, en effet, de faire supporter une aggravation de port à toute lettre donnant lieu à une complication de service profitable à quelques uns au détriment de tous. Si tout le monde employait les timbres d'affranchissement vendus par l'administration, il n'y aurait pas besoin d'entretenir des bureaux spécialement destinés à l'affranchissement direct. Ceux qui causent cette surcharge de dépense doivent donc y coopérer d'une manière plus spéciale. Le même principe est applicable à la surtaxe imposée aux lettres non affranchies. Ces lettres causent un surcroît de travail, et par conséquent de dépenses, non seulement pour leur taxation, mais encore pour leur distribution. Une lettre taxée prenant dix à vingt fois plus de temps pour sa distribution qu'une lettre affranchie, il en résulte que l'affluence des lettres taxées a pour effet d'obliger l'administration à diminuer la rapidité du service de distribution ou à multiplier le nombre de ses facteurs. L'exception qui cause l'un ou l'autre de ces deux dommages publics devrait se trouver assez satisfaite d'être tolérée; elle ne saurait se refuser à la juste indemnité qui serait exigée d'elle.

Quelle que soit l'évidente utilité du système d'affranchissement qui vient d'être exposé, quelle que soit la simplicité de ce système en théorie, son application serait certainement impossible, si elle devait être subordonnée au nombreux classement actuel des lettres par rapport à leur poids.

Le tarif maintenant en vigueur considère comme lettre simple toute lettre pesant sept grammes et demi; il impose une aggravation de demi-port à toute lettre pesant de 7 ½ à 10 grammes; il ajoute à cette première surcharge autant de demi-ports que la lettre à taxer pèse de fois cinq grammes au dessus de 10 grammes. Si cette minutieuse progression de la taxe, proportionnellement au poids, était conservée, il est évident que l'affranchissement par enveloppe timbrée ou par timbre volant serait à peu près impraticable. En ce cas, en effet, il faudrait multiplier à l'infini la forme, ou la couleur, ou la composition de ces enveloppes et de ces timbres, afin d'avoir une spécialité correspondante à chaque catégorie de poids. Ce premier inconvénient déjà si grave serait encore le moindre. Cette multiplicité de catégories et la différence minime qui distinguerait l'une de l'autre, rendraient le travail de la taxation et de la vérification des timbres d'affranchissement plus compliqué, plus difficile, plus lent et plus long. Il faudrait nécessairement, par ce motif, accroître le personnel des bureaux en proportion de l'accroissement du nombre des lettres, ce qui causerait une augmentation de dépenses. Il arriverait en outre que les difficultés d'apprécier exactement le classement d'une lettre, empêcherait très souvent l'envoyeur d'affranchir cette lettre par un timbre. La lettre devrait alors être taxée, le travail de distribution serait ainsi augmenté; l'administration devrait accroître, sur ce point encore, son personnel et ses dépenses. La gravité de ces inconvénients de la classification actuelle des lettres par rapport au poids, inspire déjà la pensée qu'il serait utile de modifier cette classification. Cette pensée instinctive devient une conviction raisonnée et profonde, si l'on examine avec un peu d'attention les détails et les résultats de cette fâcheuse complication.

Cinq grammes équivalant au poids d'une pièce de un franc, le poids de 7 grammes et demi, limite actuelle *maxima* du poids d'une lettre simple, équivaut au poids réuni d'une pièce de un franc et d'une pièce de cinquante centimes. Il est vraiment difficile de se maintenir en dedans de cette étroite limite; et cependant, si elle est dépassée seulement d'un atôme, l'inexorable demi-taxe s'abat sur la lettre et en aggrave le port. Cette progression serrée et sévère de la taxe, à mesure que le poids devient un peu plus élevé, concordait parfaitement avec l'intention toute fiscale du tarif de 1827. Dans son empressement mal habile à obtenir de gros produits, ce tarif trouvait ainsi le moyen de dissimuler une augmentation de taxe. Si l'on pouvait évaluer combien cette progression a comprimé le développement de certaines correspondances ayant besoin de consacrer plusieurs pages à chaque lettre, comme par exemple, celles qui ont trait aux sciences, on trouverait sans doute que les accroissements de recettes produits par les surtaxes auraient été bien plus considérables si la classification des lettres par catégories de poids avait été plus large et moins nombreuse.

Il y a donc évidente utilité à modifier la classification en même temps qu'on modifie le tarif de 1827. Il faut que la classification nouvelle concorde avec le nouveau tarif, en simplicité et en modération. Pour obtenir cette concordance nécessaire, les catégories nouvelles doivent être peu nombreuses et largement espacées. Le tableau suivant présente un classement qui semble remplir convenablement ces deux importantes conditions.

COMPLÉMENT DU NOUVEAU TARIF.

CLASSEMENT ET TAXATION DES LETTRES PAR CATÉGORIES DE POIDS.			
POIDS MAXIMA PAR CATÉGORIES.	TAXES NOUVELLES PAR CATÉGORIES.	TAXES ACTUELLES CORRESPONDANTES SELON LE TARIF DE 1827.	OBSERVATIONS.
	F. C.	F. C.	
Jusqu'à 15 grammes	» 20	1,54	L'application du tarif de 1827 est ici calculée sur la taxe moyenne de 0,77 c. par lettre simple.
de 15 à 30 —	» 40	2,70	
30 — 50 —	» 75	4,24	
50 — 100 —	1 50	8,08	
100 — 200 —	3 »	15,78	
200 — 250 —	4 »	19,63	
plus de 250 —	refusé.	» »	

Ce classement comportant seulement six catégories, il suffirait de six types différents de timbres volants ou d'enveloppes timbrées pour le service de l'affranchissement hors bureaux. Il serait facile de varier ces types de manière à rendre appréciable au simple coup d'œil la différence de couleur ou de forme qui distinguerait chaque catégorie. Le travail de vérification des timbres serait ainsi simplifié et abrégé.

Les graduations de poids étant sensiblement espacées, on pourrait apprécier presque toujours le poids d'une lettre en la soupesant à la main. Le pesage à la balance, qui prend beaucoup de temps, serait ainsi très rarement nécessaire. Il y aurait encore là motif à une abréviation du travail des bureaux. Une pénalité de double port serait d'ailleurs appliquée à toute lettre affranchie par une enveloppe timbrée ou par un timbre volant appartenant à une catégorie inférieure, c'est à dire moins taxée que ne comporterait le poids de la lettre.

D'après le tarif proposé, toute lettre pesant plus de 250 grammes serait refusée. De telles lettres sortent en effet du rang des dépêches; elles doivent être considérées comme des paquets. Or, la poste ne doit pas transporter des paquets; ce service est du ressort des messageries. Il faut considérer, d'ailleurs, que dans un prochain délai, l'administration des postes devant être gratuitement desservie par les chemins de fer, elle commettrait un acte injuste et déloyal si elle transportait des paquets au préjudice des chemins de fer auxquels pourtant elle ne donnerait aucune indemnité. Si, d'ailleurs, un expéditeur tenait beaucoup à utiliser la poste pour le transport de papiers précieux pesant ensemble plus de 250 grammes, il lui serait facile de satisfaire à son désir en répartissant son envoi en autant de plis qu'il serait besoin pour rester dans les limites imposées pour leur acceptation.

Pour compléter la justification du classement proposé, rappelons que l'élévation du poids *maximum* de la lettre simple à 15 grammes ne serait pas une innovation; ce *maximum* est adopté depuis longtemps par l'Angleterre, les États-Unis et la Russie.

Il ne suffit pas cependant d'avoir proposé un classement rationnel et convenable des lettres par catégories de poids, et d'avoir indiqué des taxes modérées pour chacune de ces catégories; il faut encore se rendre compte des conséquences financières de cette tarification, comparativement avec les recettes actuellement produites par les surtaxes imposées par le tarif de 1827.

Des documents officiels ont constaté que, sur 81 millions de lettres transportées en 1843, il y a eu 75,400,000 lettres simples et 5,600,000 lettres frappées d'une surtaxe parce que leur poids excédait sept grammes et demi. Le produit total de ces surtaxes s'est élevé à 2,300,000, francs soit, en moyenne, à 0,41 cent. par lettre, en outre du simple port.

Pour que la classification proposée n'apportât aucune perturbation dans les recettes actuellement produites par les surtaxes du tarif de 1827, il faudrait que les surtaxes résultant de cette classification fussent appliquées à un nombre de lettres suffisant pour donner au moins 2,300,000 francs de recette. Les catégories proposées varient depuis une surtaxe *minima* de 0,20 cent. applicable à toute lettre pesant de 15 à 30 grammes jusqu'à une surtaxe *maxima* de 3 fr. 80 c. applicable à toute lettre pesant de 200 à 250 grammes. Pour que nos calculs aient la plus grande vraisemblance possible, nous admettrons que la surtaxe *minima* de 0,20 serait la seule appliquée. À ce compte, pour produire une recette de 2,300,000 francs, il faudrait que 11,500,000 lettres fussent annuellement soumises à la surtaxe. Il suffira de quelques calculs pour démontrer que cette éventualité n'a rien d'invraisemblable.

Le nombre de 5,600,000 lettres surtaxées, sur 81,000,000 de lettres transportées dans une année, représente la parité proportionnelle de 7 %. Pour savoir si l'on peut raisonnablement espérer que sous l'empire du nouveau tarif il y aura chaque année 11,500,000 de lettres soumises à la surtaxe, il faut examiner seulement quel serait le rapport proportionnel de ce nombre avec le nombre total de la circulation probable que produirait ce tarif.

Cette circulation a été établie dans un tableau inséré à la fin de la IIIe partie de cet écrit. En lui appliquant la quotité proportionnelle de 7 %, représentant le nombre relatif des lettres actuellement surtaxées, on trouve les résultats suivants:

ANNÉES à dater du nouveau tarif.	NOMBRE TOTAL ANNUEL DES LETTRES.	7 % LETTRES SURTAXÉES sur le nombre total.	PRODUIT de la SURTAXE au taux minimum de 0,20	RÉSULTAT PAR RAPPORT AU NET produit actuel (soit 2,300,000).	
				PERTE.	BÉNÉFICE.
			F.	F.	F.
1re	144 millions	10 millions	2,000,000 »	300,000 »	» »
2e	166 —	11 —	2,200,000 »	100,000 »	» »
3e	180 —	12 —	2,400,000 »	» »	100,000 »
4e	192 —	13 —	2,600,000 »	» »	300,000 »
5e	202 —	14 —	2,800,000 »	» »	500,000 »

6e	235 —	16 —	3,200,000»	» »	900,000»
7e	254 —	17 —	3,400,000»	» »	1,100,000»

Ce tableau n'établit pas seulement le rapport proportionnel de 7 % entre les lettres surtaxées et le nombre total des lettres circulant chaque année, il met encore en relief les produits que donnerait la surtaxe *minima* de »,20 c., appliquée au nombre exprimant ce rapport. Ces calculs démontrent que, bien loin de donner perte, le nouveau tarif donnerait bénéfice sur ce point, comme sur celui de son application au nombre total de la circulation.

On objectera peut-être que l'élévation du poids maximum d'une lettre simple à 15 grammes, au lieu du maximum actuel de 7 ½ grammes, devant exempter de la surtaxe une grande quantité de lettres qui subissent aujourd'hui cette charge additionnelle, on ne peut raisonnablement espérer que la nouvelle surtaxe atteindrait un nombre proportionnel de lettres égal à celui maintenant surtaxé. Cette objection serait certainement fondée, si le système général des taxes élevées était continué, et si le nombre des lettres restait immuable; mais il n'en sera pas ainsi. L'abaissement et l'uniformité de la taxe provoqueront sans aucun doute un immense accroissement dans le nombre des lettres. Cet effet de la modicité des ports de lettres agira aussi énergiquement, plus énergiquement peut-être même sur le nombre des lettres sujettes à surtaxes, que sur le nombre des lettres simples. Les surtaxes actuelles équivalent presque à une prohibition, tant elles sont exagérées. Les surtaxes nouvelles, infiniment moindres, provoqueront au contraire l'envoi des lettres lourdes. Et d'ailleurs, lors même que l'accroissement prévu ne serait pas complètement réalisé, il est plus que probable que les recettes actuelles n'en seraient pas moins conservées. Le tableau qui précède est basé sur l'invraisemblable supposition que la surtaxe *minima* de 0,20 sera la seule appliquée; il est pourtant indubitable qu'il y aura fréquemment lieu d'appliquer les autres surtaxes. Cette application causerait une augmentation de recettes, compensant le mécompte qui pourrait survenir sur l'accroissement prévu du nombre des lettres. Il faut remarquer enfin que, si le tableau présente des pertes insignifiantes pendant les deux premières années d'application du nouveau tarif, il présente des bénéfices considérables pour les cinq années suivantes. En admettant que ces bénéfices suffisent à balancer les pertes, au lieu de les dépasser, on fait la part des éventualités les plus défavorables, et l'on n'en détruit pas moins radicalement la seule objection qui paraisse pouvoir être présentée avec quelque semblant de raison contre le classement proposé.

Nous avons complété l'exposé du système de tarification qu'il faudrait substituer au déplorable tarif de 1827. Nous avons apprécié la valeur et les avantages de ce système, et nous avons indiqué les mesures qui devraient être prises pour que son application produisît tous les avantages dont il est susceptible. Voici le résumé de l'ensemble de ce système et de son organisation.

La tarification exagérée et minutieuse qui est aujourd'hui en vigueur, serait remplacée par une tarification infiniment plus modérée et plus simple présentée dans le tableau suivant:

NOUVEAU TARIF POSTAL.

DÉSIGNATION.	TAXE UNIQUE POUR TOUTE DISTANCE.
Une lettre simple, pesant au plus 15 grammes.	F. C. » 20

Cette taxe unique serait applicable à toute lettre dont le poids n'excéderait pas 15 grammes. Elle resterait invariable, quelle que fût la distance entre le point de départ et le point de destination.

Les lettres pesant plus de 15 grammes seraient réparties en cinq larges catégories, et seraient soumises aux taxes exprimées dans le tableau suivant:

TARIF COMPLÉMENTAIRE POUR LES LETTRES LOURDES.

CLASSEMENT SELON LE POIDS.	TAXES POUR TOUTES DISTANCES.
	F. C.
de 15 à 30 grammes.	» 40
30 — 50 —	» 75
50 — 100 —	1 50
100 — 200 —	3 »
200 — 250 —	4 »
plus de 250 —	refusé.

Pour simplifier et accélérer le service, le principe de l'affranchissement serait la règle, le non affranchissement serait l'exception.

Le gouvernement ferait vendre des enveloppes timbrées et des timbres volants, en autant de types différents qu'il y a de catégories de poids dans l'ensemble de la tarification nouvelle. Le coût de chacun de ces types serait égal à la taxe correspondant à la catégorie que ce type représenterait. Ces enveloppes timbrées et ces timbres volants serviraient pour affranchissement des lettres, hors bureau.

Tout affranchissement fait dans les bureaux de l'administration, c'est-à-dire sans employer une enveloppe timbrée ou un timbre volant, serait passible d'une surtaxe composée d'autant de fois 0,05 c. qu'il y aurait de fois 15 grammes dans le poids de la lettre ainsi affranchie.

Toute lettre non affranchie serait passible d'une surtaxe de moitié en sus de la taxe que lui aurait imposé le tarif, à raison de son poids.

Toute lettre affranchie sous un timbre d'une catégorie inférieure à la catégorie dont, par son poids, elle ressortirait en réalité, serait passible d'une surtaxe de double port.

Enfin, toute lettre pesant plus de 250 grammes serait refusée.

Le travail que nous avions entrepris est terminé. Ce travail a eu pour objet la réforme postale, seulement en ce qui concerne le service des lettres. L'administration des postes comprend cependant d'autres services, dans lesquels il importerait beaucoup d'introduire d'utiles et radicales améliorations. Mais, en multipliant les questions à examiner, on s'expose à l'inconvénient d'examiner moins profondément et moins bien. Il valait mieux traiter seulement la question principale qui domine et dirige toutes les autres. La solution d'une telle question entraîne implicitement une solution générale identique. Le service des lettres occupe dans l'administration des postes une importance qui domine tous les autres. On ne saurait introduire la réforme dans ce service, sans être entraîné par la force des choses à étendre ce bienfait sur toutes les autres branches de l'administration.

Si notre pays est enfin doté de cette grande amélioration, dont les effets seront si évidemment avantageux, il y aura lieu de faire un rapprochement historique qui ne manque pas d'intérêt.

En 1653, M. de Velayer, alors fermier général des postes, faisait vendre, dans un bureau établi au palais, et moyennant un sou la pièce, des carrés de papier au dos de chacun desquels étaient imprimés les mots: *port payé*. Toute lettre enveloppée dans un de ces carrés de papier, et jetée dans une boîte affectée au service des lettres, était rendue à destination franco de port.

Ainsi, il y a deux cents ans, on faisait en France précisément ce que nous proposons aujourd'hui. C'est là une singulière coïncidence, qui est une preuve nouvelle en faveur de notre système. L'erreur est comme un labyrinthe ayant mille tours et détours et une seule porte: on a beau divaguer, on a beau s'égarer, il faut toujours en revenir à la seule issue possible, la raison.

Espérons que, dans le cours de cette année, la réforme postale si utile, si nécessaire, depuis si longtemps réclamée, sera enfin accomplie. En démontrant qu'elle ne causerait aucune perturbation dans les revenus publics, nous avons détruit le seul argument opposé à cette réforme. Aucun motif ne pourrait donc justifier un plus long ajournement.